MW00891398

pink willow
PRINT

We're excited to hear from you! Connect with us:

f facebook.com/pinkwillowprint

this book

BELONGS TO:

_____

kitchen
CONVERSIONS

CUP	OUNCE	TBSP	TSP	ML
2	16	32	96	473
1	8	16	48	237
3/4	6	12	36	177
2/3	5 & 1/3	10 & 2/3	32	158
1/2	4	8	24	118
1/3	2 & 2/3	5 & 1/3	16	79
1/4	2	4	12	59
1/8	1	2	6	30
1/16	1/2	1	3	15
1/48	1/6	1/3	1	5

2 CUPS = 1 PINT 4 CUPS = 1 QUART

4 QUARTS = 1 GALLON

ADDITIONAL NOTES:

index

PAGE: RECIPE:

index

PAGE: RECIPE:

index

PAGE:	RECIPE:

index

recipe

TITLE:

PREP TIME: **TOTAL TIME:**   **SERVINGS:**

INGREDIENTS

NOTES:

DIRECTIONS:

recipe

TITLE:

PREP TIME: **TOTAL TIME:**   **SERVINGS:**

INGREDIENTS

NOTES: **DIRECTIONS:**

recipe

TITLE:

PREP TIME: **TOTAL TIME:**   **SERVINGS:**

INGREDIENTS

NOTES:

DIRECTIONS:

recipe

TITLE:

PREP TIME:　　　　　**TOTAL TIME:**　　　　　**SERVINGS:**

INGREDIENTS

NOTES:　　　　　**DIRECTIONS:**

recipe

TITLE:

PREP TIME: **TOTAL TIME:**   **SERVINGS:**

INGREDIENTS

NOTES:

DIRECTIONS:

recipe

TITLE:

PREP TIME: **TOTAL TIME:**   **SERVINGS:**

INGREDIENTS

NOTES: **DIRECTIONS:**

recipe

TITLE:

PREP TIME: **TOTAL TIME:** **SERVINGS:**

INGREDIENTS

NOTES:

DIRECTIONS:

recipe

TITLE:

PREP TIME: **TOTAL TIME:**   **SERVINGS:**

INGREDIENTS

NOTES: **DIRECTIONS:**

recipe

TITLE:

PREP TIME: **TOTAL TIME:**   **SERVINGS:**

INGREDIENTS

NOTES:

DIRECTIONS:

recipe

TITLE:

PREP TIME: **TOTAL TIME:**   **SERVINGS:**

INGREDIENTS

NOTES: **DIRECTIONS:**

recipe

TITLE:

PREP TIME: **TOTAL TIME:**   **SERVINGS:**

INGREDIENTS

NOTES:

DIRECTIONS:

recipe

TITLE:

PREP TIME: **TOTAL TIME:**   **SERVINGS:**

INGREDIENTS

NOTES: **DIRECTIONS:**

recipe

TITLE:

PREP TIME: TOTAL TIME: SERVINGS:

INGREDIENTS

NOTES:

DIRECTIONS:

recipe

TITLE:

PREP TIME: TOTAL TIME: SERVINGS:

INGREDIENTS

NOTES: DIRECTIONS:

recipe

TITLE:

PREP TIME: **TOTAL TIME:**   **SERVINGS:**

INGREDIENTS

NOTES:

DIRECTIONS:

recipe

TITLE:

PREP TIME: **TOTAL TIME:**   **SERVINGS:**

INGREDIENTS

NOTES: **DIRECTIONS:**

recipe

TITLE:

PREP TIME: **TOTAL TIME:**   **SERVINGS:**

INGREDIENTS

NOTES:

DIRECTIONS:

recipe

TITLE:

PREP TIME: **TOTAL TIME:**   **SERVINGS:**

INGREDIENTS

NOTES: **DIRECTIONS:**

recipe

TITLE:

PREP TIME: **TOTAL TIME:**   **SERVINGS:**

INGREDIENTS

NOTES:

DIRECTIONS:

recipe

TITLE:

PREP TIME: **TOTAL TIME:**   **SERVINGS:**

INGREDIENTS

NOTES: **DIRECTIONS:**

recipe

TITLE:

PREP TIME: **TOTAL TIME:**   **SERVINGS:**

INGREDIENTS

NOTES:

DIRECTIONS:

TITLE:

PREP TIME: **TOTAL TIME:**   **SERVINGS:**

INGREDIENTS

NOTES: **DIRECTIONS:**

recipe

TITLE:

PREP TIME: **TOTAL TIME:** **SERVINGS:**

INGREDIENTS

NOTES:

DIRECTIONS:

TITLE:

PREP TIME:　　　　**TOTAL TIME:**　　　　**SERVINGS:**

INGREDIENTS

NOTES:　　　　**DIRECTIONS:**

recipe

TITLE:

PREP TIME: **TOTAL TIME:**   **SERVINGS:**

INGREDIENTS

NOTES:

DIRECTIONS:

recipe

TITLE:

PREP TIME:　　　　　**TOTAL TIME:**　　　　　**SERVINGS:**

INGREDIENTS

NOTES:　　　　　**DIRECTIONS:**

recipe

TITLE:

PREP TIME: TOTAL TIME: SERVINGS:

INGREDIENTS

NOTES:

DIRECTIONS:

recipe

TITLE:

PREP TIME: **TOTAL TIME:**   **SERVINGS:**

INGREDIENTS

NOTES: **DIRECTIONS:**

recipe

TITLE:

PREP TIME: TOTAL TIME: SERVINGS:

INGREDIENTS

NOTES:

DIRECTIONS:

recipe

TITLE:

PREP TIME: TOTAL TIME: SERVINGS:

INGREDIENTS

NOTES: DIRECTIONS:

recipe

TITLE:

PREP TIME: **TOTAL TIME:** **SERVINGS:**

INGREDIENTS

NOTES: **DIRECTIONS:**

recipe

TITLE:

PREP TIME: **TOTAL TIME:**   **SERVINGS:**

INGREDIENTS

NOTES: **DIRECTIONS:**

recipe

TITLE:

PREP TIME: **TOTAL TIME:**   **SERVINGS:**

INGREDIENTS

NOTES:

DIRECTIONS:

TITLE:

PREP TIME: TOTAL TIME: SERVINGS:

INGREDIENTS

NOTES: DIRECTIONS:

recipe

TITLE:

PREP TIME: **TOTAL TIME:**   **SERVINGS:**

INGREDIENTS

NOTES:

DIRECTIONS:

recipe

TITLE:

PREP TIME: **TOTAL TIME:**   **SERVINGS:**

INGREDIENTS

NOTES: **DIRECTIONS:**

recipe

TITLE:

PREP TIME:　　　　**TOTAL TIME:**　　　　**SERVINGS:**

INGREDIENTS

NOTES:

DIRECTIONS:

recipe

TITLE:

PREP TIME: **TOTAL TIME:**   **SERVINGS:**

INGREDIENTS

NOTES: **DIRECTIONS:**

recipe

TITLE:

PREP TIME: **TOTAL TIME:** **SERVINGS:**

INGREDIENTS

NOTES:

DIRECTIONS:

recipe

TITLE:

PREP TIME: **TOTAL TIME:**   **SERVINGS:**

INGREDIENTS

NOTES: **DIRECTIONS:**

recipe

TITLE:

PREP TIME: **TOTAL TIME:**   **SERVINGS:**

INGREDIENTS

NOTES:

DIRECTIONS:

recipe

TITLE:

PREP TIME: **TOTAL TIME:**   **SERVINGS:**

INGREDIENTS

NOTES: **DIRECTIONS:**

recipe

TITLE:

PREP TIME: **TOTAL TIME:**   **SERVINGS:**

INGREDIENTS

NOTES:

DIRECTIONS:

recipe

TITLE:

PREP TIME:　　　　**TOTAL TIME:**　　　　**SERVINGS:**

INGREDIENTS

NOTES:　　　　**DIRECTIONS:**

recipe

TITLE:

PREP TIME: **TOTAL TIME:**   **SERVINGS:**

INGREDIENTS

NOTES:

DIRECTIONS:

recipe

TITLE:

PREP TIME: TOTAL TIME: SERVINGS:

INGREDIENTS

NOTES: DIRECTIONS:

recipe

TITLE:

PREP TIME:　　　　**TOTAL TIME:**　　　　**SERVINGS:**

INGREDIENTS

NOTES:

DIRECTIONS:

recipe

TITLE:

PREP TIME: TOTAL TIME: SERVINGS:

INGREDIENTS

NOTES: DIRECTIONS:

recipe

TITLE:

PREP TIME: **TOTAL TIME:**   **SERVINGS:**

INGREDIENTS

NOTES:

DIRECTIONS:

TITLE:

PREP TIME: **TOTAL TIME:**   **SERVINGS:**

INGREDIENTS

NOTES: **DIRECTIONS:**

recipe

TITLE:

PREP TIME: **TOTAL TIME:**   **SERVINGS:**

INGREDIENTS

NOTES:

DIRECTIONS:

recipe

TITLE:

PREP TIME: **TOTAL TIME:**   **SERVINGS:**

INGREDIENTS

NOTES: **DIRECTIONS:**

recipe

TITLE:

PREP TIME: **TOTAL TIME:**   **SERVINGS:**

INGREDIENTS

NOTES:

DIRECTIONS:

TITLE:

PREP TIME: **TOTAL TIME:**   **SERVINGS:**

INGREDIENTS

NOTES: **DIRECTIONS:**

recipe

TITLE:

PREP TIME: **TOTAL TIME:**   **SERVINGS:**

INGREDIENTS

NOTES:

DIRECTIONS:

recipe

TITLE:

PREP TIME: TOTAL TIME: SERVINGS:

INGREDIENTS

NOTES: DIRECTIONS:

recipe

TITLE:

PREP TIME:　　　　**TOTAL TIME:**　　　　**SERVINGS:**

INGREDIENTS

NOTES:

DIRECTIONS:

TITLE:

PREP TIME: TOTAL TIME: SERVINGS:

INGREDIENTS

NOTES: DIRECTIONS:

recipe

TITLE:

PREP TIME: **TOTAL TIME:**   **SERVINGS:**

INGREDIENTS

NOTES: **DIRECTIONS:**

recipe

TITLE:

PREP TIME: TOTAL TIME: SERVINGS:

INGREDIENTS

NOTES: DIRECTIONS:

recipe

TITLE:

PREP TIME: **TOTAL TIME:**   **SERVINGS:**

INGREDIENTS

NOTES:

DIRECTIONS:

TITLE:

PREP TIME:　　　　　**TOTAL TIME:**　　　　　**SERVINGS:**

INGREDIENTS

NOTES:　　　　　**DIRECTIONS:**

recipe

TITLE:

PREP TIME: **TOTAL TIME:** **SERVINGS:**

INGREDIENTS

NOTES:

DIRECTIONS:

recipe

TITLE:

PREP TIME: **TOTAL TIME:**   **SERVINGS:**

INGREDIENTS

NOTES: **DIRECTIONS:**

recipe

TITLE:

PREP TIME: **TOTAL TIME:**   **SERVINGS:**

INGREDIENTS

NOTES:

DIRECTIONS:

TITLE:

PREP TIME: **TOTAL TIME:**   **SERVINGS:**

INGREDIENTS

NOTES: **DIRECTIONS:**

recipe

TITLE:

PREP TIME: **TOTAL TIME:**   **SERVINGS:**

INGREDIENTS

NOTES: **DIRECTIONS:**

recipe

TITLE:

PREP TIME: **TOTAL TIME:**   **SERVINGS:**

INGREDIENTS

NOTES: **DIRECTIONS:**

recipe

TITLE:

PREP TIME: **TOTAL TIME:**   **SERVINGS:**

INGREDIENTS

NOTES:

DIRECTIONS:

recipe

TITLE:

PREP TIME: TOTAL TIME: SERVINGS:

INGREDIENTS

NOTES: DIRECTIONS:

recipe

TITLE:

PREP TIME: **TOTAL TIME:**   **SERVINGS:**

INGREDIENTS

NOTES:

DIRECTIONS:

recipe

TITLE:

PREP TIME: **TOTAL TIME:**   **SERVINGS:**

INGREDIENTS

NOTES: **DIRECTIONS:**

recipe

TITLE:

PREP TIME:　　　　**TOTAL TIME:**　　　　**SERVINGS:**

INGREDIENTS

NOTES:

DIRECTIONS:

TITLE:

PREP TIME: **TOTAL TIME:**   **SERVINGS:**

INGREDIENTS

NOTES: **DIRECTIONS:**

recipe

TITLE:

PREP TIME: TOTAL TIME: SERVINGS:

INGREDIENTS

NOTES: DIRECTIONS:

recipe

TITLE:

PREP TIME: TOTAL TIME: SERVINGS:

INGREDIENTS

NOTES: DIRECTIONS:

recipe

TITLE:

PREP TIME: **TOTAL TIME:** **SERVINGS:**

INGREDIENTS

NOTES:

DIRECTIONS:

recipe

TITLE:

PREP TIME: **TOTAL TIME:**   **SERVINGS:**

INGREDIENTS

NOTES: **DIRECTIONS:**

recipe

TITLE:

PREP TIME:　　　　**TOTAL TIME:**　　　　**SERVINGS:**

INGREDIENTS

NOTES:

DIRECTIONS:

recipe

TITLE:

PREP TIME: TOTAL TIME: SERVINGS:

INGREDIENTS

NOTES: DIRECTIONS:

recipe

TITLE:

PREP TIME:　　　　**TOTAL TIME:**　　　　**SERVINGS:**

INGREDIENTS

NOTES:

DIRECTIONS:

recipe

TITLE:

PREP TIME: **TOTAL TIME:** **SERVINGS:**

INGREDIENTS

NOTES: **DIRECTIONS:**

recipe

TITLE:

PREP TIME: **TOTAL TIME:**   **SERVINGS:**

INGREDIENTS

NOTES: **DIRECTIONS:**

recipe

TITLE:

PREP TIME: TOTAL TIME: SERVINGS:

INGREDIENTS

NOTES: DIRECTIONS:

recipe

TITLE:

PREP TIME: **TOTAL TIME:**   **SERVINGS:**

INGREDIENTS

NOTES:

DIRECTIONS:

TITLE:

PREP TIME: **TOTAL TIME:**   **SERVINGS:**

INGREDIENTS

NOTES: **DIRECTIONS:**

recipe

TITLE:

PREP TIME: **TOTAL TIME:** **SERVINGS:**

INGREDIENTS

NOTES:

DIRECTIONS:

recipe

TITLE:

PREP TIME: **TOTAL TIME:**   **SERVINGS:**

INGREDIENTS

NOTES: **DIRECTIONS:**

recipe

TITLE:

PREP TIME: **TOTAL TIME:** **SERVINGS:**

INGREDIENTS

NOTES: **DIRECTIONS:**

recipe

TITLE:

PREP TIME: **TOTAL TIME:**   **SERVINGS:**

INGREDIENTS

NOTES: **DIRECTIONS:**

recipe

TITLE:

PREP TIME: **TOTAL TIME:**   **SERVINGS:**

INGREDIENTS

NOTES:

DIRECTIONS:

recipe

TITLE:

PREP TIME:　　　　**TOTAL TIME:**　　　　**SERVINGS:**

INGREDIENTS

NOTES:　　　　**DIRECTIONS:**

recipe

TITLE:

PREP TIME:　　　　**TOTAL TIME:**　　　　**SERVINGS:**

INGREDIENTS

NOTES:

DIRECTIONS:

recipe

TITLE:

PREP TIME: **TOTAL TIME:**   **SERVINGS:**

INGREDIENTS

NOTES: **DIRECTIONS:**

recipe

TITLE:

PREP TIME: **TOTAL TIME:**   **SERVINGS:**

INGREDIENTS

NOTES:

DIRECTIONS:

recipe

TITLE:

PREP TIME: **TOTAL TIME:**   **SERVINGS:**

INGREDIENTS

NOTES: **DIRECTIONS:**

recipe

TITLE:

PREP TIME: **TOTAL TIME:**   **SERVINGS:**

INGREDIENTS

NOTES:

DIRECTIONS:

recipe

TITLE:

PREP TIME: TOTAL TIME: SERVINGS:

INGREDIENTS

NOTES: DIRECTIONS:

recipe

TITLE:

PREP TIME: **TOTAL TIME:**   **SERVINGS:**

INGREDIENTS

NOTES: **DIRECTIONS:**

recipe

TITLE:

PREP TIME: **TOTAL TIME:**   **SERVINGS:**

INGREDIENTS

NOTES: **DIRECTIONS:**

Made in United States
Troutdale, OR
11/07/2023

14371978R00060